I0560053

Nonna

Raccontami
la tua

Storia

Nonna, raccontami la tua storia
© 2025 Casey Parker
Tutti i diritti riservati.

Nessuna parte del formato di questo libro può essere riprodotta senza previa au-
torizzazione scritta dell'editore. Tuttavia, una volta che questo memoir di famiglia
sarà completato con le tue storie di vita e i tuoi ricordi, i membri della famiglia
potranno copiarlo per condividerlo. Le storie di vita e i ricordi che conservi qui
sono tuoi – da condividere, custodire e tramandare di generazione in generazione.

Pubblicato da Midsummer Bloom Books
1621 Central Ave, Cheyenne, WY 82001, Stati Uniti

Prima edizione: Giugno 2025
Stampato negli Stati Uniti d'America

Indice

La tua storia inizia qui

Sai quei momenti speciali in cui i tuoi nipoti si raccolgono intorno a te, con gli occhi che brillano di meraviglia? Forse succede nella tua cucina, mentre mostri loro come fare quei biscotti che nessun altro riesce a preparare così bene, oppure quando vedono una vecchia fotografia che ti fa sorridere. Quei momenti preziosi in cui scoprono che la nonna non è sempre stata una nonna – sono pura magia.

Ecco il punto – questo libro non è solo carta e rilegatura. È uno scrigno che custodisce tutti quei ricordi che porti con te: com'era la vita quando eri giovane, le tradizioni che tua madre ti ha insegnato e che hai trasmesso, i cambiamenti che hai vissuto mentre il mondo si trasformava intorno a te. Storie di quando si cresceva in un'epoca in cui le famiglie si riunivano davanti alla TV per guardare i programmi serali, quando le telefonate si facevano dai telefoni con il cavo attaccato al muro della cucina, e quando le feste di quartiere erano l'evento clou dell'estate.

Certo, ti conoscono come la nonna – quella che prepara le migliori cene delle feste, che ha sempre tempo per un'altra storia, che dà gli abbracci più caldi. Ma hai vissuto tempi straordinari! Dall'usare i coupon dei giornali agli acquisti online, dalle linee condivise alle videochiamate – hai visto il mondo cambiare in modi che sembrano quasi magici ai tuoi nipoti.

Scrivi tutto qui – le avventure della tua infanzia, il tuo primo ballo, come hai conosciuto il nonno, crescere i tuoi figli, la saggezza che hai raccolto lungo il cammino. Non preoccuparti della calligrafia perfetta o della grammatica corretta. Quello che conta è il cuore dietro le parole.

Prenditi il tuo tempo – non c'è fretta. Riempi queste pagine con i ricordi che ti hanno formato, le lezioni che la vita ti ha insegnato, le storie d'amore e i momenti difficili che ti hanno resa forte. Perché un giorno, quando saranno più grandi, i tuoi nipoti troveranno qui molto più che semplici racconti – troveranno le loro radici.

Allora, cosa dici, nonna? Sei pronta a condividere il tuo viaggio? L'eredità della tua famiglia aspetta di essere scritta, e i tuoi nipoti non vedono l'ora di conoscere la donna straordinaria dietro la loro amata nonna.

Come usare questo libro

Questa è la tua storia – non ci sono scadenze da rispettare, né regole da seguire. Scegli una domanda che risvegli un ricordo e inizia a scrivere. Salta da una pagina all'altra, torna indietro più tardi o soffermati sui momenti che contano di più per te.

Ricorda, queste domande sono solo porte che si aprono sui tuoi ricordi. Le tue risposte potrebbero portarti verso percorsi inaspettati, ed è perfettamente normale. Questo libro non riguarda la scrittura perfetta – si tratta di catturare il tuo viaggio unico con la tua voce.

Nella tua cucina dove i ricordi fioriscono,

nelle tue storie che illuminano ogni angolo,

attraverso la saggezza del tuo sorriso gentile,

scorrono racconti che si allungano per miglia e
miglia.

Da ragazza giovane a donna forte e libera,

a madre, e ora custode del nostro albero familiare.

Condividi con noi, cara nonna, il tuo prezioso
passato,

fai in modo che questi ricordi rimangano per
sempre.

1

I Giorni Passati

Nonna, raccontaci di quando eri piccola! Com'era crescere senza tutti i nostri gadget e giochi? Vogliamo sapere delle tue avventure in un mondo così diverso dal nostro.

La Casa d'Infanzia

I tuoi primi ricordi hanno preso forma tra le mura della tua casa d'infanzia. Quali luoghi e spazi hanno formato la tua prima idea di «casa» e quali angoli di quel mondo vivono ancora vividamente nella tua memoria?

1. Com'era la tua casa d'infanzia e quali stanze ricordi più chiaramente?

2. Quali suoni o profumi associ alla tua casa d'infanzia?

3. Come erano organizzati gli spazi per dormire e vivere?

Ritratti di Famiglia

Prima di essere la nostra nonna, eri una bambina con la tua famiglia. Chi erano le persone importanti nella tua infanzia e come hanno contribuito a formare la persona straordinaria che sei diventata?

1. Chi erano i membri principali della tua famiglia quando eri bambina?

2. Com'erano i tuoi genitori e cosa facevano per lavoro o in casa?

3. Quali parenti più anziani (nonni, zii, zie) hanno avuto la maggiore influenza sulla tua infanzia?

Una Giornata nella Tua Vita

Non riusciamo nemmeno a immaginare la tua routine quotidiana da bambina! Com'era una giornata tipo per te, dalla mattina fino a quando andavi a dormire? Raccontaci delle tue responsabilità e di quanto fosse diversa la tua giornata rispetto alla nostra.

1. Com'era un giorno feriale tipo per te da bambina?

2. Quali faccende o responsabilità dovevi svolgere regolarmente?

3. In cosa erano diversi i giorni feriali dai fine settimana?

Giochi d'Infanzia

Nonna, cosa facevi per divertirti prima che esistessero i videogiochi e i tablet? Quali giochi e giocattoli riempivano le tue giornate di emozione e quali erano i tuoi preferiti in assoluto?

1. Quali erano i tuoi giochi preferiti quando eri piccola?

2. Quali giocattoli possedevi e quali erano i più preziosi per te?

3. Come giocavi all'aperto con i tuoi amici?

Ricordi di Scuola

I tuoi giorni di scuola dovevano essere così diversi dai nostri! Raccontaci della tua classe, dei tuoi insegnanti e com'era essere una studentessa alla tua età.

1. Com'era l'edificio della tua scuola e come erano organizzate le classi?

2. Quali materiali scolastici usavi e cosa tenevi nel tuo zaino?

3. Cosa succedeva quando i bambini si comportavano male a scuola?

Pasti in Famiglia

I pasti riuniscono le famiglie attraverso le generazioni. Com'era l'ora di cena nella tua casa d'infanzia? Raccontaci dei tuoi cibi preferiti e dei piatti speciali che apparivano sulla tavola di famiglia.

1. Quali cibi si servivano comunemente a casa tua e chi preparava i pasti?

2. Quali regole esistevano durante i pasti in famiglia?

3. Quali utensili da cucina o metodi di cottura ricordi che venivano usati per preparare il cibo?

Le Stagioni dell'Infanzia

Ogni stagione portava con sé attività e sensazioni speciali. Come cambiava la tua vita durante l'anno con il passare delle stagioni? Quale periodo dell'anno aspettavi di più?

1. Come cambiavano le tue attività quotidiane da una stagione all'altra?

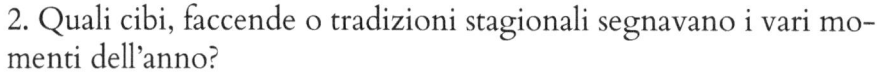

2. Quali cibi, faccende o tradizioni stagionali segnavano i vari momenti dell'anno?

3. Quale stagione aspettavi di più e cosa la rendeva speciale?

Prima della Tecnologia

Per noi è difficile immaginare la vita senza i nostri gadget! Come comunicavano, lavoravano e si divertivano le persone quando eri giovane, senza tutta la tecnologia che abbiamo oggi?

1. Qual è stato il primo elettrodomestico o dispositivo moderno che la tua famiglia ha acquistato?

2. Come comunicavano le persone con amici e parenti che vivevano lontano?

3. Come la tua famiglia riceveva notizie e intrattenimento prima della tecnologia moderna?

Il Quartiere

I vicini una volta erano come una famiglia allargata. Raccontaci del tuo quartiere quando crescevi e delle persone che vivevano intorno a te. Chi rendeva speciale la tua comunità?

1. Quanto conoscevi i tuoi vicini e come interagivate con loro?

2. Dove si riunivano le persone nel tuo quartiere?

3. Chi erano le persone memorabili del tuo quartiere?

Avventure d'Infanzia

Ogni bambino ha avventure segrete! Quali esplorazioni e scoperte ti hanno fatto sentire emozionata o forse anche un po' ribelle? Raccontaci dei tuoi momenti più coraggiosi da bambina!

1. Quali luoghi esploravi che ti sembravano emozionanti o proibiti da bambina?

2. Qual è stata la cosa più avventurosa che hai fatto negli anni della tua infanzia?

3. Quali aree naturali, nascondigli speciali o luoghi interessanti hai scoperto vicino a casa tua?

Celebrazioni Speciali

Le feste e le celebrazioni creano i ricordi più luminosi dell'infanzia. Quali giorni speciali celebrava la tua famiglia e quali tradizioni li rendevano magici?

1. Quali festività erano più importanti nella tua famiglia e come venivano celebrate?

2. Quali tradizioni di compleanno o occasioni speciali festeggiavate in famiglia?

3. Quali cibi, decorazioni o attività facevano parte delle celebrazioni della tua famiglia?

2

Mettere le Ali

Com'era essere un'adolescente, nonna? Siamo curiosi di sapere della tua prima cotta, dei balli scolastici e di come hai capito chi volevi diventare quando gli adulti non ti stavano guardando.

Moda da Teenager

Nonna, qual era lo stile alla moda quando eri un'adolescente? Raccontaci dei vestiti, delle acconciature e degli accessori imperdibili che erano popolari ai tuoi tempi – vogliamo immaginarti come una ragazza piena di stile!

1. Quali stili di abbigliamento erano popolari quando eri un'adolescente?

2. Come acconciavi i capelli e quali routine di bellezza seguivano le ragazze?

3. Quali oggetti o accessori erano considerati indispensabili durante la tua adolescenza?

Cerchie di Amicizia

Gli amici che facciamo da adolescenti spesso plasmano chi diventiamo. Chi erano le tue amiche più strette durante l'adolescenza e cosa facevate insieme per divertirvi?

1. Chi erano le tue amiche più care durante gli anni dell'adolescenza?

2. Dove e come socializzavano di solito i ragazzi ai tuoi tempi?

3. Quali attività facevate insieme tu e le tue amiche per divertirvi?

Giorni del Liceo

Il liceo non era solo studio – era un piccolo mondo a sé! Com'era la tua scuola, dalle lezioni ai gruppi sociali, fino agli eventi che tutti aspettavano con ansia?

1. Com'era il tuo liceo e come era organizzato?

2. Quali attività scolastiche, club o sport erano popolari ai tuoi tempi?

3. Quali tradizioni o eventi scolastici gli studenti aspettavano ogni anno?

Crescere in Indipendenza

Gli anni dell'adolescenza portano nuove libertà entusiasmanti. Quali nuovi privilegi hai guadagnato crescendo e quali avventure hai vissuto quando hai iniziato a uscire da sola?

1. Quando ti è stato permesso per la prima volta di uscire senza supervisione e dove sei andata?

2. Come guadagnavi i tuoi soldi e per cosa li spendevi?

3. Quali responsabilità sono arrivate con la tua crescente indipendenza?

Divertimento nel Tempo Libero

Tra scuola e faccende, gli adolescenti hanno bisogno di tempo per essere se stessi. Quali hobby e attività ti piacevano quando avevi del tempo libero e come hanno contribuito a formare la persona che sei diventata?

1. Quali hobby o attività ricreative ti piacevano da adolescente?

2. Quali libri, riviste o altri materiali di lettura erano popolari tra i tuoi coetanei?

3. Quali attività all'aperto o sport praticavi durante gli anni dell'adolescenza?

Ricordi Musicali

Ogni generazione ha la sua colonna sonora. Quali canzoni e artisti riempivano il tuo mondo da adolescente e come ascoltavi la tua musica preferita prima dello streaming e dei download?

1. Quale musica era popolare quando eri un'adolescente?

2. Come ascoltavi la musica e come scoprivi nuove canzoni o artisti?

3. Quali musicisti o canzoni erano speciali per te?

Momenti di Crescita

Ci sono esperienze che segnano il nostro percorso verso l'età adulta.
Quali momenti o eventi ti hanno fatto sentire davvero come se stessi
crescendo e diventando la tua persona?

1. Quali eventi o esperienze ti hanno fatto sentire che stavi diventando adulta?

2. Quali decisioni importanti hai preso autonomamente durante gli anni dell'adolescenza?

3. Quali responsabilità o sfide ti hanno aiutato a maturare in questo periodo?

Sogni per il Futuro

Da adolescenti, tutti immaginiamo come sarà la nostra vita futura. Quali sogni e piani avevi per la tua vita quando eri giovane? Che tipo di persona speravi di diventare?

1. Quali obiettivi di carriera o di vita avevi da adolescente?

2. Quali passi hai fatto verso i tuoi obiettivi durante gli anni dell'adolescenza?

3. Quali adulti o mentori hanno influenzato il tuo modo di pensare al futuro?

Tendenze da Teenager

Ogni generazione ha le sue mode che sembrano così importanti in quel momento! Quali manie, espressioni o attività popolari spopolavano durante la tua adolescenza?

1. Quali mode o manie hanno caratterizzato i tuoi anni da adolescente?

2. Quali slang o espressioni erano popolari tra i ragazzi della tua generazione?

3. Quali film, programmi TV o altri intrattenimenti seguivano fedelmente gli adolescenti?

Trovare Te Stessa

Gli anni dell'adolescenza sono il momento in cui iniziamo a scoprire chi siamo davvero. Come hai iniziato a sviluppare i tuoi valori e le tue prospettive, separandoti da ciò che ti era stato insegnato?

1. Quali convinzioni o valori hai iniziato a formare autonomamente durante l'adolescenza?

2. Quali esperienze hanno messo in discussione i valori con cui sei cresciuta?

3. Quali punti di forza o talenti personali hai scoperto durante gli anni dell'adolescenza?

Traguardi da Teenager

*Alcuni traguardi segnano il nostro percorso durante gli anni dell'ado-
lescenza. Quali successi o «prime volte» della tua adolescenza ricordi
come particolarmente memorabili o significativi?*

1. Quali risultati scolastici o extracurriculari ti hanno reso più orgogliosa da adolescente?

2. Quali «prime volte» ricordi chiaramente dai tuoi anni dell'adolescenza?

3. Quali sono stati i momenti più importanti della tua adolescenza?

3

Il Primo Volo

Nonna, com'era quando hai lasciato casa per la prima volta? Vogliamo sapere tutto delle tue avventure prima di formare la nostra famiglia – i luoghi che hai visitato e i sogni che hai inseguito.

Lasciare il Nido

Fare i primi passi verso una vita indipendente segna un vero punto di svolta. Raccontaci di quando hai iniziato a vivere per conto tuo – l'entusiasmo, le sfide e quella nuova sensazione di libertà.

1. Come e quando hai lasciato la casa di famiglia per la prima volta?

2. Cosa ti ha sorpreso di più del vivere in modo indipendente?

3. Quali abilità domestiche avevi già o hai dovuto imparare velocemente?

I Primi Lavori

Le prime esperienze lavorative ci insegnano tanto su noi stessi. Com'è stato il tuo primo vero lavoro e come ha influenzato la tua comprensione del mondo del lavoro?

1. Qual è stato il tuo primo vero lavoro e come l'hai ottenuto?

2. Quali competenze o formazione ti servivano per i tuoi primi impieghi?

3. Com'era una giornata tipo nel tuo primo lavoro?

La Tua Prima Casa

Niente è paragonabile all'avere uno spazio tutto tuo per la prima volta. Com'era il tuo primo appartamento o casa, e come l'hai fatto sentire «tuo»?

1. Com'era il tuo primo appartamento o la tua prima casa tutta tua?

2. Come hai arredato o decorato il tuo primo spazio abitativo?

3. Chi erano i tuoi vicini o coinquilini, se ne avevi?

Imparare a Gestire i Soldi

Gestire le proprie finanze è una delle più grandi lezioni dell'età adulta. Come gestivi i soldi quando vivevi per conto tuo per la prima volta e quali realtà finanziarie hai affrontato?

1. Come gestivi i tuoi soldi quando hai iniziato a vivere da sola?

2. Per quali oggetti o esperienze risparmiavi?

3. Quali sfide finanziarie hai affrontato nei tuoi primi anni da adulta?

Costruire Abilità di Vita

La giovane età adulta è il momento in cui sviluppiamo molte abilità pratiche che ci servono per tutta la vita. Quali competenze importanti hai imparato in questi anni che si sono rivelate preziose?

1. Quali abilità importanti hai sviluppato nei tuoi primi anni da adulta?

2. Come hai imparato queste abilità?

3. Cosa avresti voluto imparare prima?

Esplorare Nuovi Luoghi

La giovane età adulta spesso offre l'opportunità di vedere più mondo. Quali luoghi hai esplorato in questo periodo della tua vita e come queste esperienze ti hanno cambiata?

1. Quali luoghi hai visitato o esplorato nei tuoi primi anni da adulta?

2. Cosa ti ha spinto a viaggiare o trasferirti in quel periodo?

3. Quali scoperte o esperienze dei tuoi viaggi hanno avuto un impatto duraturo su di te?

Amicizie da Adulti

Le amicizie spesso cambiano man mano che costruiamo la nostra vita adulta. Come si sono evoluti i tuoi rapporti sociali durante i tuoi primi anni di indipendenza e chi è diventato importante per te?

1. Come sono cambiate le tue amicizie entrando nell'età adulta?

2. Dove e come hai conosciuto nuovi amici in quel periodo?

3. Quali attività o interessi ti legavano agli altri?

Trovare la Tua Strada

Scoprire un lavoro significativo e uno scopo è una delle più grandi sfide della vita. Come hai iniziato a capire cosa volevi fare della tua vita durante questi anni formativi?

1. Come hai scoperto quali lavori o attività ti davano un senso di scopo?

2. Quali aspirazioni o ambizioni hanno guidato le tue scelte in quegli anni?

3. Cosa ci si aspettava che le donne facessero a quei tempi e come ti sentivi a riguardo?

Affrontare le Sfide

L'indipendenza iniziale porta inevitabilmente ostacoli da superare. Quali sfide significative hai affrontato da giovane adulta e come le hai superate?

1. Quali difficoltà hai affrontato nei tuoi primi anni da adulta?

2. Come hai superato o ti sei adattata a queste sfide?

3. Quali risorse o reti di supporto ti hanno aiutata nei momenti difficili?

Influenze Importanti

Alcune persone ci guidano mentre troviamo la nostra strada. Chi sono stati i mentori o le figure influenti nei tuoi primi anni da adulta e quali saggezze ti hanno trasmesso?

1. Chi sono state le persone più influenti dei tuoi primi anni da adulta?

2. Quali consigli o aiuti pratici ti hanno dato questi mentori?

3. Come hai incontrato le persone che ti hanno guidata?

Decisioni che Cambiano la Vita

Guardando indietro, possiamo spesso individuare le scelte che hanno plasmato tutto ciò che è venuto dopo. Quali decisioni importanti hai preso nei tuoi primi anni da adulta che hanno definito il corso della tua vita?

1. Quali decisioni importanti hai preso nei tuoi primi anni da adulta?

2. Come prendevi le grandi decisioni a quel tempo?

3. Quali altri percorsi hai considerato di intraprendere?

4

Cuore Incontra Cuore

Come hai conosciuto il nonno? Amiamo ascoltare la vostra storia d'amore – dal primissimo incontro alla decisione di costruire una vita insieme. Raccontaci cosa ti ha fatto battere il cuore!

Il Primo Incontro

Ogni storia d'amore ha quel primo capitolo speciale. Quando le vostre strade si sono incrociate per la prima volta e cosa ricordi di quel momento in cui hai incontrato la persona che sarebbe diventata così importante nella tua vita?

1. Dove e quando hai conosciuto il nonno per la prima volta?

2. Chi vi ha presentati o come si sono incrociati i vostri cammini?

3. Qual è stata la tua prima impressione di lui?

I Giorni degli Appuntamenti

Prima delle campane nuziali e dei cognomi condivisi c'è quel magico periodo in cui ci si conosce meglio. Com'erano i vostri appuntamenti allora e come si viveva il romanticismo in quei giorni?

1. Com'erano gli appuntamenti tipici durante il vostro fidanzamento?

2. Come comunicavate tra un appuntamento e l'altro in quel periodo?

3. Quali attività o luoghi frequentavate insieme mentre vi frequentavate?

Scegliere per Sempre

*Arriva un momento in cui l'amicizia si trasforma in qualcosa desti-
nato a durare una vita. Come hai capito che il nonno era la persona
con cui volevi condividere la tua vita?*

1. Per quanto tempo vi siete frequentati prima di decidere di sposarvi?

2. Come hai capito che il nonno era la persona con cui volevi passare
la tua vita?

3. C'è stata una proposta ufficiale? Se sì, come è avvenuta?

Ricordi del Matrimonio

Il giorno del tuo matrimonio ha segnato l'inizio ufficiale della vostra vita insieme. Com'è stata quella giornata speciale, dal tuo abito alla celebrazione, fino ai momenti che non sono andati esattamente come previsto?

1. Quando e dove si è tenuto il vostro matrimonio?

2. Com'era il tuo abito da sposa e come lo hai scelto?

3. Quali momenti memorabili o piccoli imprevisti sono accaduti durante il giorno del matrimonio?

Appena Sposati

I primi giorni di matrimonio portano sia gioia che adattamenti, mentre due vite iniziano a fondersi. Cosa ricordi di particolare di quei primi giorni da sposati e come è cambiata la tua vita dopo il matrimonio?

1. Dove vivevate quando vi siete appena sposati?

2. Come sono cambiate le vostre routine quotidiane dopo il matrimonio?

3. Quali attività o interessi condividevate come novelli sposi?

La Prima Casa Insieme

Creare uno spazio condiviso è parte del costruire una vita insieme.
Raccontaci della tua prima casa con il nonno – com'era e come l'avete
trasformata in una casa accogliente.

1. Com'era la vostra prima casa insieme?

2. Come avete arredato e decorato la vostra prima casa?

3. Come vi dividevate le responsabilità domestiche?

Imparare la Collaborazione

Il matrimonio ci insegna come condividere davvero la nostra vita con un'altra persona. Quali lezioni importanti hai imparato in quei primi anni su comunicazione, compromessi e costruire un rapporto solido?

1. Quali lezioni importanti hai imparato nei primi anni di matrimonio?

2. Come affrontavate i disaccordi o le diverse visioni della vita?

3. In cosa eravate entrambi bravi nel vostro matrimonio?

Tradizioni Speciali

I piccoli rituali che le coppie creano insieme spesso diventano il cuore di una relazione. Quali tradizioni o abitudini regolari hanno aiutato a mantenere forte il vostro legame negli anni?

1. Quali tradizioni o celebrazioni speciali avete creato insieme tu e il nonno?

2. Come festeggiavate gli anniversari o altre occasioni importanti?

3. Quali attività o routine regolari hanno aiutato a mantenere il vostro legame di coppia?

Affrontare le Tempeste Insieme

Ogni matrimonio affronta sfide che mettono alla prova la sua forza. Quali momenti difficili avete affrontato insieme tu e il nonno e come vi siete sostenuti a vicenda quando la vita è diventata complicata?

1. Quali sfide significative avete affrontato insieme tu e il nonno?

2. Come vi siete sostenuti nei momenti difficili?

3. Chi vi ha aiutati nei momenti difficili?

5

Mani d'Amore

*Com'era diventare mamma, nonna? Vogliamo ascoltare
le tue storie su come hai cresciuto i nostri genitori
quando erano piccoli come noi – i momenti divertenti, i
periodi difficili e tutte le tue tradizioni speciali.*

Diventare Mamma

Il momento in cui un bambino viene messo tra le tue braccia cambia tutto per sempre. Cosa ti ha sorpresa di più quando sei diventata mamma per la prima volta e come sono stati quei primi giorni mentre accoglievi una nuova piccola persona nella tua vita?

1. Cosa ti ha sorpresa di più nel diventare mamma per la prima volta?

2. Come ti sei preparata per l'arrivo del tuo primo bambino?

3. Che tipo di aiuto o supporto avevi nei primi giorni di maternità?

Filosofia Genitoriale

Ogni genitore sviluppa il proprio approccio per crescere i figli. Quali convinzioni fondamentali ti hanno guidata come mamma e come hai capito che tipo di genitore volevi essere?

1. Quali erano i tuoi principi fondamentali per crescere i bambini?

2. Quali pratiche genitoriali hai adottato dai tuoi genitori?

3. Come crescevano i figli la maggior parte delle persone a quei tempi?

Ritmi Quotidiani

La vita familiare crea routine e schemi tutti suoi. Com'erano le giornate tipiche quando i tuoi figli erano piccoli e come gestivi il meraviglioso caos di crescere una famiglia?

1. Com'era un giorno feriale tipo quando i tuoi figli erano piccoli?

2. Come gestivi i lavori domestici mentre ti occupavi dei bambini?

3. Quali erano le routine familiari durante i pasti?

Vederli Crescere

Ogni traguardo dello sviluppo è un piccolo miracolo da celebrare.
Quali «prime volte» memorabili ricordi della crescita dei tuoi figli e
come hanno iniziato a brillare le loro personalità uniche?

1. Quali «prime volte» memorabili ricordi dai primi anni dei tuoi figli?

2. Come tenevi traccia delle «prime volte» e dei momenti speciali dei tuoi figli?

3. Quali traguardi ti hanno resa particolarmente orgogliosa mentre i tuoi figli crescevano?

Momenti Difficili

Non tutti i giorni della genitorialità sono perfetti. Quali fasi o situazioni difficili hai affrontato come mamma e come hai trovato il modo di superare i momenti più duri?

1. Quali sono stati alcuni dei comportamenti o delle fasi più difficili dei tuoi figli?

2. Come affrontavi i disaccordi o i conflitti tra i membri della famiglia?

3. Quali strategie ti hanno aiutata nei momenti di genitorialità particolarmente difficili?

Creare Gioia

Le famiglie intrecciano la loro magia speciale nella vita di tutti i giorni. Quali tradizioni, celebrazioni o semplici piaceri portavano felicità alla tua famiglia e creavano ricordi duraturi?

1. Quali semplici piaceri o attività portavano felicità regolare alla tua famiglia?

2. Quali tradizioni o celebrazioni hai creato per la tua famiglia?

3. Come rendevi speciali i giorni ordinari per i tuoi figli?

Prendersi Cura di Loro

Prendersi cura della salute dei bambini è uno dei compiti più importanti di un genitore. Come gestivi tutto, dai piccoli malanni alle preoccupazioni più serie, e com'era l'assistenza sanitaria per i bambini a quei tempi?

1. Come affrontavi le malattie o gli infortuni comuni dell'infanzia?

2. Come ti assicuravi che i tuoi figli mangiassero bene e fossero attivi?

3. In cosa erano diverse le pratiche sanitarie per i bambini allora rispetto ad oggi?

Sostenere il Loro Apprendimento

L'educazione avviene sia in aula che a casa. Come supportavi la scuola dei tuoi figli e quali esperienze di apprendimento hai creato al di fuori dell'educazione formale?

1. Quanto eri coinvolta nell'esperienza scolastica dei tuoi figli?

2. Come aiutavi ciascun figlio con i compiti?

3. Cosa facevi per aiutare i tuoi figli a imparare fuori dalla scuola?

La Saggezza della Maternità

Crescere i figli ci insegna lezioni che non ci aspettavamo. Quali verità importanti ti ha rivelato la maternità sulla vita, sull'amore e sulle tue stesse forze?

1. Quali lezioni importanti ti ha insegnato la maternità sulla vita?

2. Quali consigli genitoriali trasmetteresti come i più preziosi?

3. Cosa hai scoperto su te stessa attraverso l'esperienza di crescere i figli?

6

La Vita in Piena Fioritura

Gli anni centrali portano con sé sia soddisfazioni che sfide, mentre i figli crescono, le carriere evolvono e l'identità personale si approfondisce. Come trascorrevi le tue giornate quando i nostri genitori stavano crescendo? Vogliamo sapere come gestivi tutto e cosa rendeva speciali quegli anni.

Connessioni con la Comunità

La vita si estende oltre le porte di casa, nei quartieri e nelle comunità dove riceviamo e doniamo. Quali attività, organizzazioni o cause sono diventate importanti per te mentre la tua famiglia cresceva?

1. A quali attività o organizzazioni comunitarie hai partecipato durante gli anni centrali della tua vita?

2. Quali lavori di volontariato o responsabilità civiche hai svolto?

3. Cosa ti ha motivata a impegnarti in queste iniziative comunitarie?

Amiche Fedeli

Le vere amicizie si adattano e crescono con i cambiamenti della vita. Quali amiche ti sono state vicine nei vari capitoli della tua vita e come hai coltivato queste relazioni importanti durante gli anni impegnativi?

1. Quali amicizie sono rimaste importanti durante tutta la tua vita adulta?

2. Come hai mantenuto legami significativi durante gli anni più impegnativi?

3. Quali nuove amicizie sono nate durante i tuoi anni centrali?

Corpo e Spirito

Il nostro rapporto con il corpo spesso cambia man mano che la vita avanza. Come è evoluto il tuo approccio alla salute e al benessere negli anni, e quali pratiche ti hanno aiutata a restare in forma?

1. Come è cambiato il tuo approccio alla salute e al benessere negli anni centrali?

2. Quali sfide di salute hai affrontato e come le hai superate?

3. Cosa ti ha aiutata a mantenerti in salute ed energica?

Capitoli Finanziari

Gli anni centrali portano con sé considerazioni finanziarie uniche, dalle spese universitarie alla pianificazione della pensione. Quali decisioni economiche importanti hai affrontato e come hai lavorato per garantire il futuro della tua famiglia?

1. Quali obiettivi finanziari erano più importanti durante i tuoi anni centrali?

2. Come hai gestito le spese maggiori o le decisioni economiche importanti?

3. Quali approcci al risparmio o agli investimenti hai adottato?

Casa Silenziosa

Quando i figli iniziano a lasciare il nido, i genitori entrano in una nuova stagione della vita. Come sono cambiati la tua casa e i tuoi ritmi quotidiani man mano che i tuoi figli diventavano indipendenti, e quali sfide o opportunità ha portato questa transizione?

1. Come è cambiata la tua casa quando i tuoi figli sono diventati più indipendenti?

2. Quali nuove attività o interessi hai coltivato una volta che i figli sono cresciuti?

3. Come si è evoluto il tuo rapporto con i tuoi figli adulti durante questa transizione?

7

La Corona della Nonna

Qual è la cosa che preferisci dell'essere la nostra nonna? Amiamo il modo speciale in cui ci vuoi bene – raccontaci come diventare nonna ha cambiato la tua vita e cosa rende così magico il tempo che passiamo insieme.

La Notizia dei Nipoti

Sapere che stai per diventare nonna porta un'ondata di emozioni nuove. Come hai saputo per la prima volta la bellissima notizia che saresti diventata nonna e quali sentimenti ti hanno attraversato in quel momento speciale?

1. Come hai saputo per la prima volta che stavi per diventare nonna?

2. Cosa hai pensato quando hai ricevuto la notizia?

3. Come ti sei preparata per l'arrivo del tuo primo nipote?

I Primi Saluti

Incontrare un nipote per la prima volta è pura magia. Raccontaci di quando hai tenuto in braccio per la prima volta ciascuno dei tuoi nipoti e di come ti sei sentita in quei preziosi primi incontri.

1. Dove e quando hai incontrato per la prima volta ciascuno dei tuoi nipoti?

2. Cosa ricordi del momento in cui hai tenuto in braccio ciascun nipote per la prima volta?

3. Quanto tempo dopo la nascita hai potuto incontrare ciascun nipote?

I Nomi della Nonna

*I nomi con cui i nipoti ci chiamano diventano termini d'affetto prezi-
osi. Come ti chiamano i tuoi nipoti e come è nato quel nome speciale?*

1. Come ti chiamano i tuoi nipoti e come è stato scelto questo nome?

2. Avevi una preferenza su come volevi essere chiamata come nonna?

3. I tuoi nipoti hanno nomi diversi per chiamarti?

Tradizioni Speciali

Ogni coppia nonna-nipote crea legami unici. Quali attività o tradizioni speciali hai creato con i tuoi nipoti, quelle che aspettano con gioia ogni volta che ti vedono?

1. Quali attività o tradizioni speciali hai instaurato con i tuoi nipoti?

2. Quali cibi o dolci sono diventati tipici delle loro visite a casa tua?

3. Quali giochi o attività ti chiedono sempre i tuoi nipoti quando ti vedono?

Vederli Crescere

Vedere i nipoti crescere è forse il dono più grande della vita. Com'è stato osservare i tuoi nipoti crescere e cambiare, e quali fasi ti hanno dato più gioia?

1. Quali traguardi o successi dei tuoi nipoti hai avuto la fortuna di vedere?

2. Quali talenti speciali hai notato svilupparsi nei tuoi nipoti?

3. Quale età è stata la tua preferita da osservare mentre crescevano?

8

Le Gioie del Cuore

Cosa ti fa sorridere quando nessuno ti guarda, nonna?
Vogliamo sapere dei tuoi libri preferiti, della musica,
degli hobby e dei talenti nascosti che ti rendono unica,
oltre ad essere la nostra amata nonna.

Progetti Creativi

Ricordi quei pomeriggi tranquilli in cui le tue mani erano occupate a creare qualcosa di bello? I tuoi progetti creativi raccontavano storie di amore e pazienza. Riviviamo insieme quei preziosi ricordi di creazioni fatte a mano...

1. Quale attività manuale trovavi più rilassante o terapeutica?

2. Qual è la cosa più bella che tu abbia mai creato con le tue mani?

3. C'è stato un regalo fatto a mano di cui sei stata particolarmente orgogliosa?

Connessione con la Natura

Il mondo naturale offre una pace e una meraviglia speciali. Quali attività all'aperto hai amato di più e quali luoghi naturali hanno lasciato un'impronta duratura nel tuo cuore?

1. Quali attività all'aperto o ambienti naturali hai amato di più?

2. Come trascorrevi il tempo all'aperto nel corso degli anni?

3. Qual è stato il luogo naturale più bello che tu abbia mai visitato e cosa lo rendeva speciale?

In Giardino

C'è qualcosa di magico nel far crescere la vita da piccoli semi e vedere un giardino sbocciare. Quali esperienze hai avuto con le piante e i giardini e cosa ti ha dato più soddisfazione nelle tue avventure da giardiniera?

1. Qual è stata la prima pianta che sei riuscita a far crescere con successo?

2. Coltivavi ortaggi? Quali erano i preferiti della tua famiglia?

3. Avevi qualche trucco speciale per il giardinaggio tramandato da qualcuno?

Ricordi in Cucina

Alcuni dei momenti più dolci della vita accadono preparando cose deliziose in cucina. Quali tradizioni culinarie o ricette sono state importanti per te e quali piatti sono diventati le tue creazioni più famose?

1. Avevi un piatto speciale che tutti ti chiedevano sempre?

2. Chi ti ha insegnato i segreti di cucina che custodisci con più amore?

3. Qual è stata la cosa più insolita che tu abbia mai cucinato?

Collezionare la Gioia

Gli oggetti che raccogliamo spesso raccontano storie su ciò che ci rende felici. Hai mai collezionato qualcosa di speciale nel corso degli anni? Come questi tesori sono entrati nella tua vita?

1. Quali oggetti o cose hai collezionato nel corso degli anni?

2. Come hai iniziato le tue collezioni e come sono cresciute?

3. Quali pezzi della tua collezione sono più speciali per te e perché?

Una Vita di Letture

I libri aprono le porte a mondi e idee infiniti. Che tipo di libri hai amato leggere durante i vari capitoli della tua vita e quali storie o autori sono stati i più significativi per te?

1. Che tipo di libri o materiali di lettura hai amato leggere?

2. Chi ha influenzato le tue abitudini di lettura o ti ha fatto scoprire libri importanti?

3. Quali titoli o autori hanno avuto un significato particolare per te?

La Magia del Cinema

I film creano esperienze condivise e ricordi duraturi. Quali film sono stati significativi per te nel corso degli anni e quali momenti speciali legati al cinema ricordi con più affetto?

1. Avevi una star del cinema preferita che ammiravi?

2. Quale film ti ha fatto ridere più di tutti?

3. Qual è stata la tua esperienza cinematografica più memorabile?

Note Musicali

La musica tocca qualcosa di profondo nelle nostre anime. Quali canzoni, artisti o esperienze musicali hanno fatto da colonna sonora ai momenti più significativi della tua vita?

1. Che tipo di musica ti piace ascoltare ora? I tuoi gusti sono cambiati negli anni?

2. Avevi un cantante, una band o un musicista preferito?

3. Ci sono state canzoni particolarmente significative per te in momenti importanti della tua vita?

Rimanere Attivi

Muovere il corpo ci tiene connessi alla vitalità della vita. Quali attività fisiche hai amato nel corso della tua vita e come sono cambiate con il passare degli anni?

1. Quale attività ti fa sentire più viva?

2. Qual è il tuo segreto per restare flessibile e forte?

3. Hai mai provato qualche tendenza fitness insolita?

Racconti di Viaggio

Esplorare nuovi luoghi amplia i nostri orizzonti in modi speciali. Quali viaggi hai intrapreso che hanno lasciato un segno duraturo e quali destinazioni conservano i ricordi più belli?

1. Quali viaggi o avventure memorabili hai fatto?

2. Quali luoghi ti sono piaciuti di più e cosa li rendeva speciali?

3. Quali souvenir o tradizioni hai riportato dai tuoi viaggi?

Piaceri Solitari

A volte le attività più rigeneranti sono quelle che amiamo fare da soli. Quali passatempi in solitudine ti hanno portato pace, gioia o rinnovamento nel corso della tua vita?

1. Quali attività ti piace fare da sola?

2. Come trovavi tempo per te stessa quando la vita era piena di impegni?

3. Quali attività solitarie ti aiutano a rilassarti o ricaricarti?

9

Saggezza e Sogni

Nonna, dopo tutte le tue avventure e esperienze, hai rac-colto tesori più preziosi dell'oro. Condividi la saggezza che hai accumulato nel tuo viaggio e le speranze che custodisci nel tuo cuore per il nostro futuro.

Valori Guida

Nel corso della tua vita, alcuni principi ti hanno guidata nelle decisioni e nelle azioni, come stelle nel cielo notturno. Quali valori fondamentali sono stati più importanti nel tuo cammino?

1. Qual è la lezione di vita più importante che speri che la tua famiglia ricordi?

2. Quali valori dei tuoi genitori hai abbracciato con più forza?

3. Quale principio o convinzione ti ha portato più serenità?

Saggezza nelle Relazioni

Le connessioni che costruiamo con gli altri creano la vera ricchezza della nostra vita. Cosa hai imparato nel coltivare le relazioni nel corso degli anni?

1. Cosa hai imparato sul mantenere forti i legami familiari?

2. Come affrontavi i disaccordi con le persone care?

3. Quali qualità ritieni più importanti nelle relazioni strette?

Lezioni dalle Sfide

Le difficoltà della vita spesso diventano i nostri insegnanti più grandi. Quali esperienze difficili ti hanno insegnato le lezioni più preziose e come hai trovato la strada per superare i momenti difficili?

1. Quali esperienze difficili ti hanno insegnato le lezioni più importanti?

2. Come ti sei ripresa o hai ricostruito dopo battute d'arresto significative?

3. Quali forze inaspettate hai scoperto durante i momenti difficili?

Sorprese della Vita

Il viaggio della vita spesso prende pieghe inaspettate. Quali aspetti della tua vita si sono svolti in modo diverso rispetto a come immaginavi e quali gioie sono emerse in luoghi che non ti saresti mai aspettata?

1. Cosa nella vita si è rivelato diverso da come lo immaginavi?

2. Quali intuizioni sulla natura umana ti hanno sorpresa nel corso degli anni?

3. Cosa ti ha portato gioia in modi che non avresti mai previsto?

Storie Mai Raccontate

Alcune delle storie familiari più preziose sono quelle raramente condivise. Ci sono esperienze o ricordi della tua vita che non hai ancora avuto l'occasione di raccontarci?

1. Quali storie o ricordi di famiglia potrebbero andare persi se non vengono condivisi ora?

2. C'è un cimelio di famiglia con una storia speciale?

3. Quale mistero familiare ti piacerebbe risolvere?

Salute e Felicità

Mantenere il benessere richiede saggezza raccolta nel corso degli anni. Quali pratiche o approcci ti hanno aiutata a restare in salute nel corpo, nella mente e nello spirito durante la tua vita?

1. Qual è il tuo segreto per restare in salute?

2. Cosa ti aiuta a rimanere felice e positiva?

3. Come gestivi lo stress nei diversi periodi della tua vita?

Sogni per il Futuro

La vita continua a offrire nuove possibilità a ogni età. Quali sogni o obiettivi vuoi ancora inseguire e quali esperienze ti porterebbero ancora gioia?

1. Quali obiettivi o sogni vuoi ancora realizzare?

2. C'è un posto che vuoi ancora esplorare?

3. Come ti piacerebbe sorprenderti ancora?

Speranze per il Domani

Ogni generazione costruisce sulle fondamenta lasciate da chi è venuto prima. Quali speranze nutri per i tuoi nipoti e per le generazioni che verranno dopo di loro?

1. Cosa desideri per il futuro dei tuoi nipoti?

2. Quali consigli daresti per aiutare le generazioni future a costruire vite appaganti?

3. Quali cambiamenti nel mondo speri di vedere nelle vite dei tuoi discendenti?

Altre storie da raccogliere

Ogni genitore e ogni nonno custodisce un tesoro di ricordi che aspettano solo di essere condivisi. I nostri libri ricordo, splendidamente realizzati, aiutano a catturare queste preziose storie prima che il tempo le porti via.

La nostra serie di storie di famiglia

| **La storia di papà** | **La storia di mamma** | **La storia di nonno** | **La storia di nonna** |

Disponibile su:

- Amazon

- Principali librerie online

Regala un dono che diventa più prezioso con il tempo – perché ogni storia di famiglia merita di essere raccontata, condivisa e custodita.

www.ingramcontent.com/pod-product-compliance
Lightning Source LLC
Chambersburg PA
CBHW051327120626
46547CB00015B/2434